UN PASO MÁS

— Para estudiantes de nivel intermedio —

Satoshi Ninomiya

Editorial Dogakusha

表紙・本文イラスト：遠藤　佐登美
表紙デザイン：アップルボックス

まえがき

　スペイン語の初歩をひと通り学んだ方を対象にすえて，直説法（現在形，過去形，未来形，完了形，進行形）の復習と，接続法，命令法の習得を目標におき，本書を構成しました．

　本書の特徴は以下の通りです．

- 各課，文法詳解1ページ・練習問題2ページ・読物またはアクティビティ1ページ，計4ページの構成です．
- 文法詳解では複雑な記述を避け，例文を中心に明解な説明を試みています．
- 練習問題は問題量をなるべく多くすることを目標にし，その課のポイントを繰り返し確認する形になっています．
- 奇数課の最後はアクティビティで，学習者がペアになり，あるいはペアを想定して，スペイン語を使ったやりとりを促すテーマを用意しました．
- 偶数課の最後は読物で，単に講読するだけではなく，各テーマに応じて質問を用意してありますので，スペイン語や日本語で答えてみましょう．

　スペイン語に限らず語学学習は，理由は様々でしょうが初級の段階でストップしてしまったり，また次のレベルを目指そうとしても適切な難易度の教材やクラスを探すのに苦労したりします．本書は初級の次の一歩（un paso más）を踏み出すきっかけを学習者のみなさまに提供することを目的として作成しました．

　本書の発案から，周りの雑音のせいにして筆の進まなかった筆者の背を押し，ひらすら待ってくださった同学社の部純氏，それから，忙しいなか筆者の書くスペイン語を丁寧に読み，常に適切なアドバイスをくれた同僚のPilar Lago氏にはこの場を借りて心より御礼申し上げます．

　本書が，スペイン語に入門した後，もう少し前に進みたい学習者のみなさまの一助になればと切に願っています．

2015年　新涼

著　者

Índice

Lección 1 2
Gramática 1
1. ser, estar 2. estar, hay 3. 動詞の現在形・不定詞・現在分詞（現在進行形）・目的格人称代名詞

Actividades 1　どこにありますか？

Lección 2 6
Gramática 2
1. 再帰動詞

Lectura 2　Peculiaridades climatológicas

Lección 3 10
Gramática 3
1. 現在完了の活用 2. 点過去の活用（1） 3. 現在完了と点過去の特徴

Actividades 3　昨日したこと・今日したこと

Lección 4 14
Gramática 4
1. 点過去の活用（2） 2. 線過去の活用 3. 点過去と線過去の特徴

Lectura 4　El horario de día

Lección 5 18
Gramática 5
1. 過去完了 2. 受身表現

Actividades 5　どこで買えますか？

Lección 6 22
Gramática 6
1. 未来形 2. 過去未来形

Lectura 6　La variedad de lenguas

Lección 7 26
Gramática 7
1 関係代名詞　　**2** 関係副詞　　**3** 関係形容詞

Actividades 7　くらべてみましょう

Lección 8 30
Gramática 8
1 接続法現在形（1）　　**2** 名詞節の接続法　　**3** 形容詞節の接続法

Lectura 8　Estudiar en un país extranjero

Lección 9 34
Gramática 9
1 接続法現在形（2）　　**2** 副詞節の接続法　　**3** その他の接続法

Actividades 9　願いがかなえば

Lección 10 38
Gramática 10
1 肯定命令形　　**2** 否定命令形　　**3** 代名詞と命令形

Lectura 10　Amigos conectados

Lección 11 42
Gramática 11
1 接続法過去

Actividades 11　まっすぐ行ってください

Lección 12 46
Gramática 12
1 接続法現在完了　　**2** 条件文

Lectura 12　Si pudiera usar los idiomas libremente

Lección 1

Gramática 1

1 ser, estar

José **es** estudiante.　　　　　　　　　ホセは学生です．

Ahora José **está** en la biblioteca.　　　今ホセは図書館にいます．

La biblioteca **está** muy tranquila.　　　図書館はとても静かです．

2 estar, hay

Mi casa **está** muy cerca de la estación.　　　私の家は駅のとても近くにあります．

Cerca de la estación **hay** una plaza muy grande.　　　駅の近くには大きな広場があります．

Hay un bolígrafo en la mesa, pero el mío **está** aquí.
　　机の上にはボールペンが1本ありますが，私のはここにあります．

3 動詞の現在形・不定詞・現在分詞（現在進行形）・目的格人称代名詞

María **toma** el tren todos los días.　　　マリアは毎日電車に乗ります．

Por eso **busco** a María en la estación, pero hoy no está ahí.
　　だから私はマリアを駅で探します．けれども今日彼女はそこにはいません．

José **dice** que la **ve** en la universidad siempre a esta hora, pero yo no **puedo encontrarla**. Quiero **verla**.
　　ホセはいつもこの時間に彼女を大学で見ると言いますが，私は彼女を見つけることができません．彼女に会いたいです．

María **está andando** por la calle **buscándome**, pero no **puede encontrarme**.
　　マリアは私を探して通りを歩いていますが，私を見つけることはできません．

Le mando un e-mail para **verla** en el campus.
　　私は彼女にキャンパスで会えるように彼女にメールします．

マドリードの街角の花屋さん

Ejercicios 1

1. カッコの中に ser か estar の適切な形か hay を入れましょう．

   1) ¿De dónde (　　　　　) usted? — (　　　　　) de Madrid.
      あなたはどこのご出身ですか？ ― 私はマドリードの出身です．

   2) ¿Dónde (　　　　　) tu móvil? — (　　　　　) ahí.
      君の携帯はどこにありますか？ ― そこにあります．

   3) ¿Qué (　　　　　) en el bolsillo? — (　　　　　) un billete.
      ポケットの中に何がありますか？ ― 切符が一枚あります．

   4) ¿Cómo (　　　　　)? — (　　　　　) mal.
      君，調子はどう？ ―調子悪いです．

   5) ¿Cómo (　　　　　) su profesor? — (　　　　　) muy inteligente.
      あなたの先生はどんな方ですか？ ― とても知的です．

   6) ¿(　　　　　) Carmen muy alegre? — Sí, pero hoy no (　　　　　) alegre.
      カルメンはとても陽気な人ですか？ ― はい，だけど今日は陽気ではありません．

   7) ¿Cerca de la universidad (　　　　　) un supermercado?
      — Sí, (　　　　　) uno muy grande.
      大学の近くにスーパーマーケットはありますか？ ― はい，とても大きいのがひとつあります．

   8) ¿De quién (　　　　　) esta mochila? — (　　　　　) mía.
      このリュックサックは誰のですか？ ― 私のです．

2. カッコの中に動詞の適切な形と人称代名詞を入れなさい．

   1) ¿(Esperar　　　　　) a María? — Sí, (　　　　　) (　　　　　).
      君はマリアを待っているの？ ― はい私は彼女を待っています．

   2) ¿Quién (beber　　　　　) la cerveza? — (　　　　　) (　　　　　) yo.
      誰がビールを飲むのですか？ ― 私がそれを飲みます．

   3) ¿Nos (ayudar　　　　　) ahora? — Sí, por supuesto, (　　　　　) (　　　　　).
      (君は)今私たちを手伝ってもらえますか？ ― はい，もちろん(君たちを)手伝います．

   4) ¿(　　　　　) (mandar　　　　　) un documento?
      — Sí, (　　　　　) (　　　　　) (　　　　　).
      (君は)私に書類を送ってくれますか？ ― はい，(君にそれを)送ります．

   5) ¿(Regalar　　　　　) dos copas a José y a María?
      — Sí, (　　　　　) (　　　　　) (　　　　　).
      君たちは2脚のグラスをホセとマリアに贈るのですか？ ― はい，(彼らにそれらを)贈ります．

Ejercicios 1

3. カッコの中の動詞を適切な形に変えましょう．現在分詞や不定詞になることもあります．

   1) ¿Qué (querer, *tú*　　　　　　)? —(　　　　　　) un helado.
      Me (gustar　　　　　　) mucho.

   2) ¿(Poder, *tú*　　　　　　) hacerme la cuenta? — Sí, enseguida.

   3) ¿Qué estás (hacer　　　　　　), María?
      — (　　　　　　) (leer　　　　　　) una revista.

   4) ¿(Conocer　　　　　　) usted a Juan Hernández? — No, no lo (　　　　　　).

   5) ¿Adónde (ir, *tú*　　　　　　)?
      — (　　　　　　) al parque para (tomar　　　　　　) el sol.

4. 日本語をスペイン語に直しましょう．

   1) あの男の人は誰ですか？ — 私の祖父です．

   2) 君はこの小説を持っていますか？ — いいえ，それは持っていません．

   3) 何時ですか？ — ２時半ですね．

   4) 天気はどうですか？ — くもりで風があります．

   5) この店のパンが好きですか？ — はい，大好きです．

トレドのパン屋さん

Actividades 1

どこにありますか？

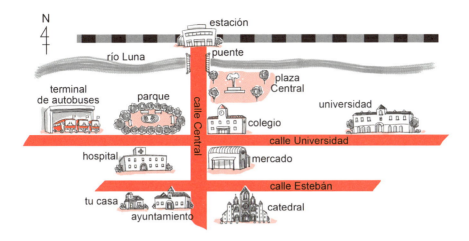

1. パートナーと何がどこにあるか説明し合いましょう．

   例）¿Dónde está tu casa? — Está cerca del ayuntamiento.
   君の家はどこにありますか？ — 市役所の近くにあります．

   ¿Dónde está el río Luna? — Está al sur de la estación.
   ルナ川はどこにありますか？ — 駅の南にあります．

   ¿Hay un mercado cerca de la estación? — No, está un poco lejos.
   駅の近くに市場がありますか？ — いいえ，少し遠いです．

2. 施設などの様子を（創作も加えて）パートナーに説明しましょう．

   例）¿Cómo es el río Luna? — Es muy hermoso y lleva mucha agua.
   ルナ川はどんな川ですか？ — とても美しくて水が豊富です．

Lección 2
Gramática 2

 1 再帰動詞

a) 再帰動詞の活用

levantarse 起きる → me levanto,　　te levantas,　　se levanta,
　　　　　　　　　　　　nos levantamos,　os levantáis,　se levantan

b) 再帰動詞の用法

1) 直接再帰「自分自身を…する」

   Me levanto a las siete y media.　　私は7時半に起きます.

   ¿Cómo **se llama**? ― **Se llama** María.
   　　彼女の名前はなんですか？ ― マリアです.

2) 間接再帰「自分自身に対して…する」

   Me lavo las manos.　　私は手を洗います.

   Fuera **nos ponemos** el sombrero, pero dentro **nos** lo **quitamos**.
   　　私たちは外では帽子をかぶりますが，内では脱ぎます.

3) 相互再帰「互いに…する」

   Nos queremos mucho.　　私たちはお互いがとても好きです.

4) 再帰動詞の用法のみの動詞

   Se quejan del sueldo.　　彼らは給料について不平をこぼしています.

   Se atreve a decir la verdad.　　彼女はあえて本当のことを言います.

5) 強意・転意：完了のニュアンスを込める

   Juan **se bebe** toda la botella de vino.
   　　フアンはワインを1本全部飲んでしまいます.

   ¿Ya **te vas**? ― Sí, ya **me voy**.　　もう行くのですか？ ― はい，もう行きます.

6) 受身：se+動詞の3人称，主語は事物（→ L.5 **2** ）

   Desde aquí **se ve** bien el paisaje.　　ここから景色がよく見えます.

   En aquella región, **se hablan** dos idiomas.
   　　あの地域ではふたつの言語が話されます.

7) 無人称表現：se+動詞3人称単数形「人は…する」

   ¿Aquí **se puede** fumar?　　ここでタバコを吸ってもいいですか？

   ¿Cuánto **se tarda** desde aquí hasta la estación?
   　　ここから駅までどれくらいかかりますか？

   ― **Se tarda** unos quince minutos en autobús.　　バスで15分くらいです.

Ejercicios 2

1. カッコの中の動詞を適切な形に変えましょう.

    1) ¿A qué hora (acostarse, *tú*   )? — (   ) a las once.

    2) (Alegrarse, *yo*   ) mucho de verte.

    3) Como hace mucho frío, (ponerse, *nosotros*   ) la bufanda.

    4) ¿Por qué no (quitarse, *usted*   ) el abrigo?

    5) Juana y Javier (amarse   ) mucho.

    6) Mi novio y yo (mandarse   ) correos electrónicos cada día.

    7) (Verse, *nosotros*   ) todos los días en el tren, ¿verdad?

    8) Siempre (quejarse, *tú*   ) del compañero.

    9) (Morirse, *yo*   ) de hambre.

    10) Vamos a (sentarse   ) a la sombra.

    11) El escritor (marcharse   ) de su país por motivos políticos.

    12) ¿Dónde (venderse   ) esa chaqueta? — (   ) en aquella tienda.

    13) En España (consumirse   ) mucho aceite de oliva.

    14) En esta fábrica (fabricarse   ) el último modelo de ordenadores.

    15) ¿Dónde (poderse   ) aparcar por aquí?

    16) ¿Por dónde (irse   ) a la estación?
        — (   ) por esta avenida.

    17) ¿Cuánto tiempo (tardarse   ) a pie desde aquí hasta la universidad?
        — (   ) diez minutos más o menos.

    18) Marta va a (casarse   ) con su novio el otoño que viene.

    19) No puedo (acostumbrarse   ) al modo de hablar del nuevo jefe.

    20) Para conseguir la beca, tenemos que (esforzarse   ) mucho.

Ejercicios 2

2. スペイン語を日本語に直しましょう．

   1) En este restaurante se come bien.

   2) En aquel país se vive muy bien.

   3) Por esta calle se llega más pronto al colegio.

   4) Se oye un ruido muy extraño.

   5) ¿Se puede? — Adelante.

3. 日本語をスペイン語に直しましょう．

   1) ふつうは何時に起きますか？ — だいたい6時ごろです．

   2) 私はいつも彼の名前を忘れます（olvidarse de 〜）． — 私もです．

   3) 彼はピザを全部平らげちゃうの？ — はい，全部食べちゃいます．

   4) このお芝居はどこで見られますか？ — 国立劇場で見られます．

   5) ここから空港までタクシーで何分かかりますか？ — 40分です

マドリードのプラサマヨールのイベント

Lectura 2

Peculiaridades climatológicas

Cada país y cada región tiene su clima.

Casi todos los extranjeros que viven en Japón odian la época de lluvias, *tsuyu*, porque la combinación de la humedad y el calor es insoportable.

En España, por ejemplo, en Madrid, que está en la *meseta* de la Península Ibérica, la temperatura de las tardes de verano supera a veces los cuarenta grados, pero, por la mañana y por la noche, hace fresquito y hay menos humedad.

La ciudad de Quito, en Ecuador, está situada en el ecuador. Pero su temperatura máxima anual es de veinte grados más o menos porque está a 2850 metros sobre el nivel del mar.

Dicen que las peculiaridades climatológicas afectan a las personas. Es cierto que el clima favorece a la naturaleza y también puede dificultar la vida. Pero, ¿puede cambiar el carácter y el modo de pensar de las personas? Sobre este tema hay diferentes puntos de vista.

1. Además de la época de lluvias, ¿qué otras peculiaridades climatológicas tiene Japón?

2. Averigüe acerca del clima de los países hispanohablantes.

3. ¿Ve alguna relación entre el clima de esos lugares y la gente que vive allí?

Lección 3
Gramática 3

1 現在完了の活用

haber (he, has, ha, hemos, habéis, han) + 過去分詞 (-ar → -ado / -er, -ir → -ido)

*abrir → abierto, poner → puesto, decir → dicho, ver → visto,

hacer → hecho, morir → muerto, escribir → escrito, volver → vuelto,

romper → roto

2 点過去の活用(1)

規則活用

-ar → -é, -aste, -ó, -amos, -asteis, -aron

-er, -ir → -í, -iste, -ió, -imos, -isteis, -ieron

*buscar → bus**qué**, buscaste,… llegar → lle**gué**, llegaste…

leer → le**í**, le**í**ste, le**y**ó, le**í**mos, le**í**steis, le**y**eron

3 現在完了と点過去の特徴

a) 現在完了：今とのつながりがある事柄 ⇔ 点過去：過去に終わっている事柄

Anoche **comí** demasiado, y esta mañana no **he desayunado** nada.
　　昨夜食べすぎたので，今朝は何も食べられませんでした．

El año pasado **fuimos** a México, y este año **hemos ido** a Argentina.
　　私たちは去年メキシコに行って，今年はアルゼンチンへ行きました．

b) 現在完了の特徴：現在までの経験，継続を表す

He estado una vez en Paraguay.　　私は1度パラグアイに行ったことがあります．

Hemos estudiado español dos años.
　　今まで私たちは2年間スペイン語を勉強しました．

c) 現在完了の特徴：「今…」の意味の現在とつながる副詞句とともに

Esta semana **nos hemos encontrado** muchas veces.
　　今週私たちは何度も会いました．

En este siglo no **ha ocurrido** ninguna catástrofe aérea.
　　今世紀，航空事故はひとつも起こっていません．

Ejercicios 3

1. 動詞を現在完了に活用しましょう．

    1) ¿(Comer, *tú*   ) ya? — Sí, (   ).

    2) Ya (estar, *nosotros*   ) en Uruguay dos veces.

    3) Hoy no (tomar, *yo*   ) nada.

    4) Hasta ahora nuestro equipo (ganar   ) el campeonato una vez.

    5) ¿A qué hora (levantarse, *usted*   ) esta mañana? — (   ) a las cinco y media.

2. 動詞を点過去に活用しましょう．

    1) ¿Qué (tomar, *tú*   ) anoche? — (   ) mucho vino.

    2) El año pasado Manuel (subir   ) al monte Fuji.

    3) Hace tres semanas les (mandar, *yo*   ) unos regalos a mis hermanos por correo.

    4) Anoche (llover   ) a cántaros.

    5) ¿Te (gustar   ) esa película española? — Sí, me (encantar   ).

3. 動詞を現在完了か点過去の正しい形にしましょう．

    1) Anoche (estudiar, *yo*   ) mucho para el examen del español.

    2) Este viernes (jugar, *nosotros*   ) al fútbol en el parque.

    3) ¿Cuántas veces (estar   ) usted en España?

    4) Esta mañana (ir, *tú*   ) a la biblioteca, ¿verdad?

    5) Ayer por la mañana te (llamar, *yo*   ), pero no me (contestar   ).

    6) Hace seis años (viajar, *yo*   ) a Argentina con mis amigos.

    7) Este verano mis padres (pasar   ) las vacaciones en Europa.

    8) Anoche lo (pasar, *nosotros*   ) muy bien en la fiesta.

    9) En este siglo (haber   ) dos guerras mundiales.

    10) En el siglo pasado no (ocurrir   ) ninguna catástrofe en nuestro país.

Ejercicios 3

4. 日本語をスペイン語に直しましょう．

   1) 君はペドロ・アルモドバル（Pedro Almodóvar）の映画を見たことがある？ ― いいえ，ないです．

   2) あなた，一昨日，カルロス・サウラ（Carlos Saura）の映画を見たんでしょう？ ― はい，見ました．

   3) 昨夜君は何時に寝ましたか？ ― ２時半ですね．それで，今朝は７時に起きたので，今とても眠いです．

   4) 君はラテンアメリカへ行ったことがありますか？ ― はい，メキシコとペルーへ行ったことがあります．

   5) 何年前にその俳優は亡くなったのですか？ ― もう８年前ですね．

テラスで楽しむ午後

Actividades 3

昨日したこと・今日したこと

1. 昨日の出来事をパートナーに伝えましょう．

    例） Ayer fui al cine con mi hermana.　昨日は妹と映画に行きました．

    　　Anoche cené demasiado.　夕べは食べ過ぎました．

2. 次に今日の朝からの出来事をパートナーに伝えましょう．

    例） Esta mañana he perdido el tren de siempre.
    　　　今朝いつもの電車に乗り遅れました．

    　　En la primera clase de esta mañana hemos tenido un examen de inglés.
    　　　今朝の1限に私たちは英語の試験がありました．

3. 1週間前に何をしたか思い出してパートナーに伝えましょう．

    例） Hace una semana se fue un amigo mío a México.
    　　　1週間前友人がメキシコに行きました．

    　　El domingo pasado fuimos al parque de atracciones.
    　　　この前の日曜日，私たちは遊園地に行きました．

4. 最近何か続けてやっていることはありますか？ どれくらい前からなにをやっているのかパートナーに伝えましょう．

    例） He estudiado portugués dos años.
    　　　2年間ポルトガル語を勉強しています．

    　　Hace un mes que voy al gimnasio.
    　　　ひと月前からジムに行っています．

Lección 4

Gramática 4

1 点過去の活用（2）

不規則活用

tener	→ tuve, tuviste, tuvo, …	venir	→ vine, viniste, vino, …
estar	→ estuve, estuviste, estuvo, …	saber	→ supe, supiste, supo, …
poder	→ pude, pudiste, pudo, …	querer	→ quise, quisiste, quiso, …
poner	→ puse, pusiste, puso, …	hacer	→ hice, hiciste, hizo, …
decir	→ dije, dijiste, … , dijeron	traducir	→ traduje, tradujiste, …, tradujeron

sentir → sentí, sentiste, sintió, sentimos, sentisteis, sintieron

dormir → dormí, dormiste, durmió, dormimos, dormisteis, durmieron

dar → di, diste, dio, dimos, disteis, dieron

ser / ir → fui, fuiste, fue, fuimos, fuisteis, fueron

2 線過去の活用

a) 規則活用

-ar → -aba, -abas, -aba, -ábamos, -abais, -aban

-er, -ir → -ía, -ías, -ía, -íamos, -íais, -ían

b) 不規則活用：以下の3つのみ

ser → era, eras, era, éramos, erais, eran

ir → iba, ibas, iba, íbamos, ibais, iban

ver → veía, veías, veía, veíamos, veíais, veían

3 点過去と線過去の特徴

a) 点過去：行為・出来事 ⇔ 線過去：状態

Cuando **llegué** a casa, no **estaba** nadie.　　私が家に着いたとき，誰もいませんでした．

Me **dijo** que **tenía** dolor de cabeza.　　彼は私に頭が痛いと言いました．

b) 点過去：完了した出来事 ⇔ 線過去：継続中の出来事

Cuando **salí** de la oficina, **llovía** mucho.　　私がオフィスを出たとき，雨がたくさん降っていました．

Cuando **salía** del despacho, **sonó** el teléfono.　　私が仕事部屋を出ようとしたら，電話が鳴りました．

c) 点過去：中心となる出来事 ⇔ 線過去：背景

Cuando el presidente **vino** a Japón, **hacía** muy buen tiempo.
　　大統領が日本に来たとき，よい天気でした．

Eran las dos cuando **me desperté**.　　私が目を覚ましたとき，2時でした．

Ejercicios 4

1. 動詞を点過去に活用しましょう.

    1) Ayer mi prima (tener   ) una niña.

    2) ¿Dónde (estar, *tú*   ) anoche? — (   ) en una discoteca.

    3) Ayer no (poder, *yo*   ) ir al médico, porque unos amigos míos (venir   ) a verme.

    4) Hace unos días (saber, *nosotros*   ) esas noticias por Internet.

    5) ¿Qué (hacer   ) ustedes el domingo pasado?
       — (Ir   ) de excursión a un lago.

    6) ¿Qué te (decir   ) tus padres? — No me (   ) nada.

    7) ¿Qué te (dar   ) tu mujer? — Me (   ) una pluma.

    8) El año pasado (morir   ) su madre. Lo (sentir, *yo*   ) mucho.

    9) ¿Qué (pedir   ) ustedes?
       — (   ) una jarra de cerveza y unos pinchos.

    10) ¿Cuántas horas (dormir   ) usted anoche? — (   ) siete horas.

2. 動詞を線過去に活用しましょう.

    1) Cuando vi a Beatriz, (andar   ) por la calle.

    2) Luis (ir   ) al parque todas las mañanas con el perro.

    3) Cuando (ser, *yo*   ) niño, todos los veranos (nadar, *yo*   ) en el mar.

    4) No (haber   ) nadie en casa.

    5) ¿Qué (desear   ) usted?

3. 動詞を点過去か線過去の正しい形にしましょう.

    1) Cuando (volver, *yo*   ) al piso, no (haber   ) nadie.

    2) ¿Qué te (decir   ) tu novia?
       — Me (decir   ) que no (querer   ) ir con nosotros.

    3) Lo (llamar, *yo*   ) muchas veces, pero no me (contestar   ) ni una vez.

    4) Cuando (encontrarse, *yo*   ) con Ángel, (estar   ) muy pálido.

    5) Cuando mi hijo (ser   ) pequeño, siempre (jugar   ) con el videojuego.

Ejercicios 4

6) Anoche (haber　　　　　) un incendio en la oficina, pero afortunadamente no (haber　　　　　) nadie allí.

7) Cuando (casarse　　　　　) mi hermana mayor, (tener　　　　　) 31 años.

8) Cuando (tener, *tú*　　　　　) 35 años, (tener　　　　　) a tu hija menor, ¿verdad?

9) Cuando (salir, *nosotros*　　　　　) del edificio, (llover　　　　　) a cántaros.

10) Cuando (salir, *yo*　　　　　) de casa, me (llamar　　　　　) mi madre.

4. 日本語をスペイン語に直しましょう．

1) 父が帰ってきたとき，明け方の５時でした．

2) 昨夜高速道路で大きな事故がありました．

3) 子供のころ，祖父は医者になりたかったそうです．

4) （私が）車から出ると，寒くて風が強かった．

5) 兄はこの前の水曜日映画を見て，すごく気に入りました．

アビラの城壁

Lectura 4

El horario de día

¿A qué hora se levanta usted? ¿A qué hora come? ¿A qué hora se acuesta? Depende. Depende del día, del trabajo y también se puede decir que depende de donde vivimos.

Cuando estén ustedes en España, uno de los horarios que les parecerá más extraños será el de la comida. Normalmente en Japón comemos al mediodía, pero en España comen a eso de las dos. Estas dos horas en las que no podemos comer son más pesadas de lo que pensamos. Casi nos morimos de hambre. Está claro que los españoles se levantan a la misma hora que los japoneses y, por tanto, hasta la hora de la comida tendrán hambre. Por eso, tienen la costumbre de *almorzar*, que significa "comer algo ligero a media mañana".

La *siesta* también nos resulta interesante. Pero, hoy en día, los asalariados de las ciudades no la pueden dormir. Esta costumbre proviene de las regiones del sur de España, como Andalucía, donde los agricultores no pueden trabajar por la tarde bajo la fuerte luz del sol y se ven obligados a descansar. Los asalariados no tienen tiempo suficiente para seguir esta costumbre.

Existen igualmente otras diferencias de horarios entre España y otros países, incluido Japón, pero también es verdad que, viviendo en España, nos acostumbramos a esas diferencias sin darnos cuenta.

1. Averigüe usted qué otras diferencias de horarios hay entre España y Japón.

2. ¿En otros países hay diferencias de horarios?

Lección 5
Gramática 5

1 過去完了

haber の線過去 (había, habías, había, habíamos, habíais, habían) + 過去分詞 (-ar → -ado / -er, -ir → -ido) (→ **L.3** ① 現在完了)

過去のある時点よりもさらに前に起こった事柄を表す.

Cuando llegué a la estación, ya **había salido** el autobús.
　　私が駅に着いたとき，バスはもう出ていました.

No sabíamos que su madre **había muerto** el año anterior.
　　私たちは彼女の母が前年に亡くなったのを知りませんでした.

2 受身表現

a) 再帰 (se) 受身

Desde aquí **se ve** muy bien nuestra universidad.
　　ここから私たちの大学がとてもよく見えます.

¿Dónde **se venden** los periódicos? — Se venden en los quioscos.
　　新聞はどこで売られてますか？ ― キオスクで売られています.

b) ser 受身

Carmen **fue elegida** jefa del grupo por los estudiantes.
　　カルメンは学生たちによってグループの長に選ばれました.

Esta canción **fue compuesta** por un músico francés.
　　この歌はフランス人音楽家によって作曲されました.

	再帰受身	ser 受身
使用頻度	高い	低い（文語的）
主語	事物	人・事物
主語の語順	動詞の後が普通	動詞の前が普通
por ～	伴わないのが普通	頻繁に伴う

Ejercicios 5

1. 動詞を過去完了に活用しましょう．

   1) Te dije que ya (terminar _____) el trabajo.

   2) Me imaginaba que hacía mucho (estar, *tú* _____) en Argentina.

   3) Cuando llegamos al teatro, ya (empezar _____) el concierto.

   4) Todavía no (salir _____) el tren cuando compramos el billete.

   5) Teníamos que comprobar si Juana (ir _____) al hospital el día anterior.

2. 以下のアンドレアの言葉を，Andrea me dijo que ... の後に続けましょう．

   1) «Tomé mucha cerveza en la fiesta.»
   _____

   2) «Ayer fui al cine con unos amigos.»
   _____

   3) «He leído todas las obras del autor.»
   _____

   4) «Ya ha salido el tren para mi tierra.»
   _____

   5) «Anoche hubo un terremoto grande en esta zona.»
   _____

3. 日本語に合わせて動詞を点過去・線過去，または過去完了に活用しましょう．

   1) Cuando (ver _____) a Juan, (correr _____) con mucha prisa.
   私がフアンを見たとき，彼は急いで走っていました．

   2) El profesor nos (preguntar _____) si (hacer _____) los deberes.
   先生は私たちに宿題をやってきたかどうか尋ねました．

   3) No (saber _____) que Beatriz (irse _____) a su país.
   私たちはベアトリスが国に帰ったのを知りませんでした．

   4) Cuando (llagar _____) los amigos, ya (empezar _____) la barbacoa.
   友人が着いたとき，もう彼らはバーベキューを始めていました．

   5) (Creer _____) que, cuando (ver _____) la película, ella ya la (ver _____).
   私がその映画を見たとき，彼女はそれをもう見ていただろうと思っていました．

Ejercicios 5

4. 受身の文を作りましょう．

    1) Desde aquel balcón (verse _____) muy bien la torre.

    2) ¿Dónde (venderse _____) esas camisetas?

    3) Desde hace mucho tiempo (exportarse _____) mucho vino desde España.

    4) José María (ser _____) elegido capitán del equipo hace medio año.

    5) Nuestras solicitudes (ser _____) aceptadas esta mañana.

5. 日本語をスペイン語に直しましょう．

    1) 彼がスペインに来たときは，うちの息子は大学生でした．

    2) 父が帰って来たとき，もう私たちの夕食は終わっていました．

    3) 昨日の授業で彼が答えられなかったのは，前の晩に本を読んでなかったからです．

    4) 日本ではたくさんの魚介類が消費されます．（se 受身で）

    5) 彼は去年この会議の議長に任命された．（ser 受身で：nombrar, jefe de esta reunión）

セグウェイでの観光

Actividades 5

どこで買えますか？

1. まず欲しいもの，買いたいものをいくつか決めましょう．

    例） periódico 新聞 / pila 電池 / bolígrafo ボールペン

2. パートナーにどこで買えるか聞いてみましょう．

    例） ¿Dónde se vende el periódico que tú lees? — Se vende en el quiosco de la estación.
    君の読んでいる新聞はどこで売っていますか？ — 駅の売店（キオスク）で売っています．

    ¿Dónde se pueden comprar pilas? — Se pueden comprar en las tiendas 24 horas.
    電池はどこで買えますか？ — コンビニ（エンスストア）で買えますよ．

3. 店はどこにあるか聞いてみましょう．

    例） ¿Hay un quiosco por aquí? — Sí, hay uno en la estación que se ve ahí.
    この辺りに売店（キオスク）はありますか？ — そこに見える駅にあります．

    ¿Hay una tienda 24 horas por aquí? — Sí, hay una al lado de la parada de autobuses de allí.
    この辺りにコンビニはありますか？ — そこのバス停の横にあります．

街角の焼き栗屋さん

Lección 6
Gramática 6

  未来形

a) 活用

1) 規則形

   hablar → hablaré, hablarás, hablará, hablaremos, hablaréis, hablarán
   comer → comeré, comerás, comerá, comeremos, comeréis, comerán
   vivir → viviré, vivirás, vivirá, viviremos, viviréis, vivirán

2) 不規則形

   poder → podré, podrás, podrá, podremos, podréis, podrán
   poner → pondré, pondrás, pondrá, pondremos, pondréis, pondrán
   decir → diré, dirás, dirá, diremos, diréis, dirán
   hacer → haré, harás, hará, haremos, haréis, harán

b) 用法

1) 未来の事柄

   Mañana **irá** a Barcelona. (= Mañana va a ir a Barcelona.)
   明日彼はバルセロナへ行く予定です．

2) 現在の推量

   Ahora Juan **estará** en casa.　今フアンは家にいるでしょう．

2 過去未来形

a) 活用

1) 規則形

   hablar → hablaría, hablarías, hablaría, hablaríamos, hablaríais, hablarían
   comer → comería, comerías, comería, comeríamos, comeríais, comerían
   vivir → viviría, vivirías, viviría, viviríamos, viviríais, vivirían

2) 不規則形：未来形の不規則形と同じルール

   poder → podría…,　poner → pondría…,
   decir → diría…,　hacer → haría…

b) 用法

1) 過去から見た未来

   María dijo que **iría** a Barcelona al día siguiente.
   マリアは彼が次の日にバルセロナへ行くと言いました．

2) 過去の推量

   Juan **estaría** en casa, cuando llegué al aeropuerto.
   私が空港に着いたとき，フアンは家にいたでしょう．

3) 「(もし…なら)…なのに」

   Yo, en tu lugar, no se lo **diría** a tus padres.　私が君の立場だったら，両親にそれを言わないでしょう．
   Me gustaría ver al jefe.　（丁寧(婉曲)表現）（出来ましたら）上の方に会いたいのですが．

Ejercicios 6

1. 動詞を未来形に活用しましょう.

    1) Dentro de media hora el avión (llegar　　　　　) al aeropuerto.

    2) ¿Cuándo le (escribir, *tú*　　　　　) a tu familia?

    3) Este domingo (abrir, *ellos*　　　　　) un bar.

    4) ¿A qué hora (venir　　　　　) Marta y Beatriz?

    5) Pasado mañana (haber　　　　　) un partido de fútbol.

    6) Esta noche vas a ver a tu padre, ¿verdad? ¿Qué te (decir　　　　　)?

    7) En la montaña (hacer　　　　　) más frío.

    8) ¿Qué (ponerse, *tú*　　　　　) para la boda?

    9) ¿(Quedar, *nosotras*　　　　　) a eso de las cinco enfrente de la estatua?

    10) ¿Qué hora (ser　　　　　) ahora? — (　　　　　) las tres más o menos.

2. 動詞を過去未来形に活用しましょう.

    1) Creía que el concierto (empezar　　　　　) a las ocho.

    2) Julián me dijo que (irse　　　　　) al día siguiente por la tarde.

    3) Pensábamos que en la montaña (hacer　　　　　) más frío.

    4) Teresa no cogió el teléfono. ¿Dónde (estar　　　　　)?

    5) Laura nos dijo que Javier no lo (saber　　　　　).

    6) Imaginaba que mis padres (ponerse　　　　　) muy contentos.

    7) Mi jefe pensaba que (entender, *nosotros*　　　　　) lo que decía.

    8) ¿Qué hora (ser　　　　　) cuando ocurrió el incendio?

    9) Yo, en su lugar, no lo (hacer　　　　　).

    10) (Querer, *yo*　　　　　) preguntarle una cosa. / Me (gustar　　　　　) preguntarle una cosa.

Ejercicios 6

3. 動詞を未来形か過去未来形の正しい形にしましょう．

   1) Mañana (ir, *nosotros*　　　　　　) de pesca con nuestro tío.

   2) El tío Alfonso me dijo que (ir, *nosotros*　　　　　　) de pesca al día siguiente.

   3) No sé si mi amigo (venir　　　　　　) a mi apartamento esta noche.

   4) No sabía si mi amigo (venir　　　　　　) a mi apartamento esa noche.

   5) ¿Dónde (estar　　　　　　) Teresa ahora?

   6) Cuando llamé a Teresa anoche, ¿dónde (estar　　　　　　)?

   7) Os prometo que (terminar　　　　　　) este trabajo tan pronto como pueda.

   8) Les prometí que (terminar　　　　　　) este trabajo tan pronto como pudiera.

   9) Te (gustar　　　　　　) la comida japonesa, si te la pruebas.

   10) Me (gustar　　　　　　) hablar con el jefe.

4. 日本語をスペイン語に直しましょう．

   1) （あなたは）明日映画に行きますか？ ― いいえ，明後日行きます．

   2) 次の日は晴れると思っていました．

   3) 次の週に私にノートを返すとアナは言いました．

   4) カルロスは今大学にいるかな？ ― はい，図書館にいると思います．

   5) 警報が鳴ったとき，何時くらいでしたか？ ― 午後の7時くらいではないですか．

Lectura 6

La variedad de lenguas

En todo el mundo, en cada región, hay dialectos. Los dialectos son como los caracteres de las personas. Tienen su propio sonido o entonación, su propio vocabulario y, a veces, su propia gramática.

En España, además del castellano, llamado generalmente español, hay tres lenguas más: el catalán, el gallego y el vasco. Y cada una de ellas tiene sus propios dialectos.

En los países hispanohablantes de Latinoamérica, antes de la llegada de Colón, había numerosas lenguas indígenas: el guaraní, el aimara, el quechua, el náhuatl, etc. Y, todavía hoy en día, la mayoría de ellas quedan como lengua base y se siguen usando.

En los países hispanohablantes, se respetan todas las lenguas o todos los dialectos del mismo modo que las personas se respetan unas a otras. Esta variedad de lenguas nos hace imaginar la historia en la que se han mezclado y se han mantenido, y las personas que las han usado.

1. Averigüen ustedes los idiomas que existen en España. ¿Qué idiomas se usan? ¿Dónde se hablan?

2. Averigüen los idiomas indígenas que existen en los países hispanohablantes de Latinoamérica. ¿Qué idiomas se usan? ¿Dónde se hablan?

3. ¿Qué ventajas e inconvenientes presenta la existencia de estas variedades lingüísticas?

Lección 7
Gramática 7

1 関係代名詞

a) **que**：先行詞＝人・物 / もっとも一般的

Tengo un hijo **que** es médico.　　私には医者である息子がいます．（限定用法）

Tengo un hijo, **que** es médico.　　私には息子がひとりいて，彼は医者です．（説明用法）

He leído una novela **que** me recomendó.　　彼に勧められた小説を読みました．

b) **el que (la que, los que, las que)**：先行詞＝人・物 / 前置詞と共に用いる / 独立用法で「…する人」

Hablo del viejo amigo con **el que** hicimos el camino de Santiago.
　　私は一緒にサンティアゴ巡礼をした旧友について話します．

El que gana más dinero trabaja más.　　たくさん稼ぐ者はたくさん働きます．（独立用法）

c) **el cual (la cual, los cuales, las cuales)**：el que と同様だが，より文語的 / 独立用法はない

Esta es la compañía aérea con **la cual** he viajado a España.
　　これがスペインに行ったときの航空会社です．

d) **quien**：先行詞＝人 / 説明用法で用いる / 前置詞と共に用いられ，限定用法になることもある

La cantante María Jiménez, **quien** ha ganado el premio de música contemporánea, se ha muerto.
　　現代音楽賞をとった歌手のマリア・ヒメネスが亡くなりました．

El que ganó ese partido de tenis es el español de **quien** hablamos ayer.
　　そのテニスの試合に勝った人が昨日私たちが話題にしたスペイン人です．

e) **lo que, lo cual**：文の内容を指す / lo cual に独立用法はない

María me dijo que había muerto su madre, **lo que** me sorprendió mucho.
　　マリアは私に母が亡くなったと言いましたが，私はとてもびっくりしました．

No me gusta **lo que** dices.　　私は君の言うことが嫌いです．（独立用法：「〜のこと」）

2 関係副詞

a) **donde**

Vamos al bar **donde** nos encontramos por primera vez.　　私たちが初めて会ったバルに行きます．

b) **cuando**

Quedamos a las cinco y media, **cuando** empieza mi programa favorito.
　　私たちは5時半に待ち合わせの約束をしましたが，その時間にはお気に入りの番組が始まります．

3 関係形容詞

a) **cuyo (cuya, cuyos, cuyas)**

Te voy a presentar a unos amigos míos **cuya** compañera trabaja en México.
　　その同僚がメキシコで働いている私の友人を何人か君に紹介します．

Ejercicios 7

1. カッコの中に正しい関係詞を入れましょう．正解がひとつではない問題もあります．

    1) Esta es la chica de la clase (   ) me gusta más.
    2) Buscamos a una estudiante (   ) vimos en la biblioteca.
    3) Este es el tema del (   ) hablamos.
    4) Aquí está el profesor con el (   ) estudiasteis español.
    5) Unos mexicanos, (   ) eran muy amables, nos ayudaron mucho.
    6) La (   ) ganó las elecciones es la madrileña de (   ) hablamos antes.
    7) Lo (   ) ha dicho usted es muy duro para nosotros.
    8) La chica, (   ) padres tuvieron un accidente, es médico.
    9) Esta es la plaza (   ) está la estatua de Don Quijote.
    10) Mi padre nació en 1970, (   ) murió su abuelo.

2. ふたつの文の下線部をつなげてひとつにしましょう．

    1) Este es mi amigo José. / José es estudiante de la Universidad de Salamanca.
        Este _____
    2) Busco la llave. / He perdido la llave esta mañana.
        Busco _____
    3) Nuestra universidad tiene un colegio mayor. / Delante del colegio mayor hay un banco.
        Nuestra universidad _____
    4) Mi primo nació en una ciudad de Bolivia. / En la ciudad hay un lago muy famoso.
        Mi primo _____
    5) La peruana vive al lado de nuestra casa. / Mi tío va a casarse con ella.
        La peruana _____

Ejercicios 7

6) Mi hermana ha ganado un premio de literatura. / Eso nos sorprendió mucho.
   Mi hermana

7) Este es el restaurante. / Nosotros siempre hablamos del restaurante.
   Este

8) Estos son los perros. / Sus amos viven cerca del mercado.
   Estos

9) Me gusta esta pluma. / Mi suegra me la ha regalado por mi cumpleaños.

10) Jugábamos en la zona antigua. / La zona antigua se construyó en el siglo XVI.

3. 日本語をスペイン語に直しましょう.

1) ハビエルが先日会った女の子はこのレストランで働いています.

2) これが私の母が写っている写真です.

3) あれは，父が大学で教えている私の友だちです.

4) 私の言っていることが分かりますか？（lo que を使って）

5) 会議にマリオがいなかったのだが，そのことに私たちはとてもびっくりした(extrañar).

バルでのサッカー観戦

Actividades 7

くらべてみましょう

1. まず自分の家族や友人についてパートナーに紹介しましょう．

    例） Vivo con mis padres y dos hermanas.
    私は両親とふたりの姉妹と住んでいます．

    Vivo con tres compañeros en un piso compartido.
    私はシェアルームで3人の仲間と住んでいます．

2. パートナーが紹介した内容について質問してみましょう．

    例） ¿Cuántos años tienen tus hermanas? — Mi hermana mayor tiene veinticinco años y mi hermana menor, dieciocho años.
    ご姉妹はおいくつですか？ — 姉は25歳で，妹は18歳です．

    ¿Dónde está tu piso? — Está cerca de la estación vecina.
    きみのマンションはどこにありますか？ — 隣駅の近くにあります．

3. 自分の家族や友人に共通する点を比較してみましょう．

    例） Mi hermano mayor tiene dos años menos que tu hermana mayor.
    私の兄は君のおねえさんよりもふたつ年下です．

    Mi piso está más lejos que el tuyo, porque tardo treinta minutos en tren a la estación más cercana de aquí.
    私のマンションは君のマンションよりも遠いですね．ここに一番近い駅まで電車で30分かかります．

マドリードの蚤の市

Lección 8

Gramática 8

1 接続法現在形(1)

a) 規則動詞

hablar	
hable	hablemos
hables	habléis
hable	hablen

comer	
coma	comamos
comas	comáis
coma	coman

vivir	
viva	vivamos
vivas	viváis
viva	vivan

b) 語根母音変化動詞

pensar → p**ie**nse, p**ie**nses, p**ie**nse, pensemos, penséis, **pie**nsen.

poder → p**ue**da, p**ue**das, p**ue**da, podamos, podáis, p**ue**dan

sentir → s**ie**nta, s**ie**ntas, s**ie**nta, sintamos, sintáis, s**ie**ntan

dormir → d**ue**rma, d**ue**rmas, d**ue**rma, d**u**rmamos, d**u**rmáis, d**ue**rman

pedir → p**i**da, p**i**das, p**i**da, p**i**damos, p**i**dáis, p**i**dan

2 名詞節の接続法

a) 願望・依頼

Quiero que siempre **pienses** en mí.　君にいつも私のことを思っていて欲しいです.

Os pido que **habléis** más despacio.　君たちにはもう少しゆっくり話して欲しいです.

b) 否定

No creo que **llueva** esta tarde.　今夕雨が降るとは思いません.

No me parece que **podamos** solucionar este problema pronto.
　私たちがこの問題をすぐに解決できるとは私には思えません.

c) 感情・評価

Me alegro de que mis hijos **vivan** cerca de mi casa.
　息子たちが私の家の近くに住んでくれて嬉しいです.

Es imposible que **lleguemos** a tiempo.　私たちが時間通りに到着するのは不可能です.

3 形容詞節の接続法

Buscamos una persona que **hable** español e inglés.
　私たちはスペイン語と英語の話せる人を探しています.

(*c.f.* Buscamos a aquella persona que habla español e inglés.)
　私たちはスペイン語と英語の話せるあの人を探しています.

Voy a comprar una casa que **tenga** piscina.　プール付きの家を買う予定です.

(*c.f.* Hemos comprado una casa que tiene piscina.)　プール付きの家を買いました.

Ejercicios 8

1. 動詞を接続法に活用しましょう.

    1) Quiero que (venir, *tú*   ) pronto.

    2) Deseamos que nos (contestar, *vosotros*   ) lo antes posible.

    3) El profesor nos pide que (hablar   ) español en clase.

    4) Espero que (conseguir, *usted*   ) la beca.

    5) Niego que el tren (llegar   ) a tiempo.

    6) No me parece que el precio del petróleo (subir   ) más.

    7) Es necesario que (leer, *nosotros*   ) bien el texto antes de la clase.

    8) Hay una posibilidad de que el jefe nos (pedir   ) hacer más trabajos.

    9) Me alegro mucho de que (poder, *tú*   ) estudiar en Bolivia.

    10) Es mejor que (llevarse, *tú*   ) un paraguas.

    11) Siento mucho que no (seguir, *usted*   ) la investigación con nosotros.

    12) Es una lástima que mi novia (vivir   ) lejos de mi casa.

    13) Comeremos en el área de descanso donde (pararse, *nosotros*   ).

    14) No hay nada que nos (alegrar   ).

    15) ¿Hay algo que (querer, *tú*   ) ver en esta lista?

2. 動詞を直説法か接続法の正しい形に活用しましょう.

    1) La chica dice que (sentirse   ) mal.

    2) El médico me dice que no (fumar   ).

    3) Creo que Javier (estar   ) bebiendo en el bar de siempre a estas horas.

    4) No creo que Javier (estar   ) estudiando en casa ahora.

    5) No es cierto que ese supermercado (cerrar   ) a las ocho.

    6) Es cierto que el profesor Fernández ahora (enseñar   ) en la Universidad de Granada.

    7) Hemos comprado un coche que (gastar   ) menos gasolina.

    8) Buscamos una secretaria que (hablar   ) muy bien francés.

    9) ¿Hay alguien que (poder   ) venir conmigo?

    10) No hay nadie que (pedir   ) un arroz con leche.

Ejercicios 8

3. 日本語をスペイン語に直しましょう．

1) 私は君たちにすぐにこの料理を食べて欲しいです．

2) 君が今晩うちに来るのを私たちは待っています．

3) 妻が私にこのデータをパソコンの中から探すように言います．

4) 私は，明日雪になるとは思いません．

5) そのバスがバスターミナルに時間どおりに着くとは私には思えません．

6) あなたがこの小説を読むことは必要です．

7) この記事（artículo）に書かれていることを君が確認することは大変重要です．

8) 私たちは君がこの学校を気に入ってくれてうれしいです．

9) もっとよく機能する（funcionar）システムを開発します（desarrollar）．

10) 誰かこの問題が解ける人はいますか？

ラマンチャの風車

Lectura 8

Estudiar en un país extranjero

La mayoría de las personas que han estudiado español quieren estudiar en los países hispanohablantes. Es lógico porque los idiomas son un sistema funcional, y por lo tanto, cuando los usamos en la práctica, nos damos cuenta de su verdadero valor y esto se aprecia mejor cuando estamos en los países donde se hablan.

La mayoría de las personas que quieren estudiar español en el extranjero también dicen que quieren aprender a hablar más fluidamente practicando español con los nativos en sus países. Tienen razón. Se puede decir que la conversación es como un deporte, es decir, hablar es devolver las palabras que se reciben, y para poder recibir las palabras reales, hay que estar en los países donde se habla esa lengua.

Por otra parte, cuando se está en el extranjero, además del idioma, se puede observar fácilmente la cultura, la sociedad, la historia, etc. Esto supone una gran ventaja.

Pero lo más importante de estudiar en el extranjero es el hecho de pertenecer a una minoría. Cuando una persona está en su propio país, normalmente pertenece a la mayoría. Cuando una persona de un grupo minoritario hace lo mismo que la del grupo mayoritario, supone para ella un esfuerzo mayor. Gracias a esto, podremos observar el mundo desde un punto de vista totalmente distinto al de antes.

1. ¿Qué ventaja hay en el hecho de estudiar en un país extranjero?
   ....
   ....

2. ¿Qué inconveniente hay en el hecho de estudiar en un país extranjero?
   ....
   ....

3. Además de las ventajas que se presentan en el texto anterior, ¿qué otras ventajas puede tener el vivir en un país extranjero?
   ....
   ....

Lección 9

Gramática 9

1 接続法現在形(2)

a) 直説法現在形で，1人称単数が不規則な動詞

hacer → haga, hagas, haga, hagamos, hagáis, hagan

poner → ponga…, tener → tenga…, venir → venga…

salir → salga…, traer → traiga…, conocer → conozca…

b) その他の不規則動詞

ser → sea, seas…, estar → esté, estés…, saber → sepa, sepas…

haber → haya, hayas…, ir → vaya, vayas…, dar → dé, des, dé…

2 副詞節の接続法

a) 目的

Carlos lleva a casa a un amigo suyo **para que conozca** a su mujer.
カルロスは妻に紹介するために友人を家に連れて行きます．

b) 条件（非現実的な条件文 → L.12）

En el caso de que tenga algún problema, dígamelo.
何か問題がありましたら，私におっしゃってください．

Cuando estés en España, tienes que visitar los museos.
スペインに行ったら，美術館に行ってくださいね．

c) 譲歩（たとえ…だとしても）

Aunque sea verdad, no lo creo.
それが本当だったとしても，私はそれを信じません．

Vayas adónde vayas, te acompaño.
君がどこに行こうがついて行きます．

3 その他の接続法

a) 疑惑

Tal vez (Quizás) no **esté** en casa.　　多分彼は家にはいません．

b) 間接命令（直接命令 → L.10）

Que espere en la recepción.　　彼に受付で待つように言ってください．

c) 願い・慣用表現（que + 接続法）

Ojalá (que) haga buen tiempo mañana.　　明日いい天気になりますように．

Que descanses.　　おやすみ．　　**Que aproveche**.　　楽しいお食事を．

Ejercicios 9

1. 下線部に注意して，動詞を接続法に活用しましょう．

    1) Termino el trabajo hoy para que (salir, *nosotros*   ) de viaje mañana.

    2) En el caso de que te (pasar   ) algo imprevisto, llámame, por favor.

    3) Te doy estos apuntes con tal de que me los (devolver   ) el lunes.

    4) Salgo afuera sin que nadie (darse   ) cuenta.

    5) Cuando (estar, *tú*   ) en México, avísame.

    6) Tan pronto como (saber, *vosotros*   ) la verdad, tenéis que decírmelo.

    7) Después de que (hervir   ) el agua, le ponemos un poco de sal.

    8) Siempre que me (necesitar, *ustedes*   ), voy a ayudarles.

    9) Enciende la luz de modo que (poder, *yo*   ) ver lo que están haciendo.

    10) Aunque (hay   ) algún problema, lo hacemos sin falta.

    11) Por muy ocupados que (estar, *nosotros*   ), vamos contigo a la fiesta.

    12) Pase lo que (pasar   ), voy al concierto de ese grupo.

    13) Que me (esperar, *ellos*   ) en la salida.

    14) ¡Que (aprovechar, *usted*   )! — Gracias, igualmente.

    15) Tal vez no (venir   ) José.

2. 動詞を直説法か接続法の正しい形に活用しましょう．

    1) Cuando (encontrarse, *yo*   ) con María, siempre charlamos un buen rato.

    2) Cuando (venir   ) el tren, llámame.

    3) Todos los viernes, después de que (terminar, *nosotros*   ) el trabajo, el jefe nos invita a tomar una copa.

    4) Después de que Ignacio (hacer   ) los deberes, vamos a jugar en el parque.

    5) Tan pronto como (llegar   ) el e-mail, léelo y dime qué pone en él.

    6) Mi padre hace ejercicio todas las mañanas tan pronto como (levantarse   ).

    7) Que (descansar, *tú*   ). Mañana ganamos el partido de fútbol.

    8) Ojalá que me (tocar   ) la lotería.

    9) Quizás no (llover   ) esta tarde.

    10) A lo mejor (estar   ) nublado mañana.

Ejercicios 9

3. 日本語をスペイン語に直しましょう．

   1) 先生は私たちが理解できるようにゆっくり話してくれます．

   2) 静かにしてるなら，（君を）連れて行ってあげる．

   3) カルメンからの手紙が着いたらすぐに持って来てください．

   4) （あなたが）熱が出たときは，この薬を飲んでください．

   5) 問題が何もない場合は（君は）帰っていいですよ．

   6) たとえ天気が悪くても，明日私たちはハイキングに行きます．

   7) たとえ状況がどんなに困難でも，彼らは約束を守るでしょう．

   8) 彼が成功しますように．

   9) たぶん彼は私たちに怒っているだろう．

   10) よい旅を．

夕闇の王宮

Actividades 9

願いがかなえば

1. 自分の願望をパートナーに伝えましょう．

    例） Quiero ser abogado.　　　　　　弁護士になりたいです．

    　　 Quiero ir a estudiar a España.　　スペインに留学したいです．

    　　 Ojalá que me toque la lotería.　　どうか宝くじが当たりますように．

2. パートナーの願望がかなえばいいなあ，そうして欲しい，という文を Quiero [Espero] que... を使って作ってみましょう．

    例） Quiero que seas abogado.
    　　　　君に弁護士になってもらいたいです．

    　　 Espero que vayas a estudiar a España.
    　　　　君にスペインに留学して欲しいです．

    　　 Espero que te toque la lotería.
    　　　　君に宝くじが当たったらなあ．

クリスマスの飾り付けをした通り

Lección 10

Gramática 10

1 肯定命令形

	hablar	comer	vivir
tú	habla	come	vive
vosotros	hablad	comed	vivid
usted	hable	coma	viva
ustedes	hablen	coman	vivan
nosotros	hablemos	comamos	vivamos

a) tú に対する命令：直説法現在 3 人称単数形

Habla español.　スペイン語を話して.　**Come** más.　もっと食べて.

不規則形

　　decir → di,　hacer → haz,　ir　→ ve,　poner → pon

　　salir → sal,　ser　→ sé,　tener → ten,　venir → ven

Ten cuidado.　気をつけて.　**Ven** aquí.　こっちに来て.

b) vosotros に対する命令：動詞の原形の語尾 -r → -d

Esperad aquí.　ここで待ってて.　**Comed** despacio.　ゆっくり食べて.

c) usted, ustedes, nosotros に対する命令：接続法

Tome usted el vino.　どうぞワインを召し上がれ.

Brindemos. (=Vamos a brindar.)　乾杯.

2 否定命令形：すべて接続法で活用する

(tú) **No bebas** tanto.　君，そんなに飲んではいけません.

(ustedes) **No hablen** por aquí.　あなた方，ここで話さないでください.

3 代名詞と命令形

	肯定命令	否定命令

Toma el jamón.　→　Tóma**lo**.　　No **lo** tomes.
　生ハムを食べて.　　　それを食べて.　　それを食べないで.

Dígame la verdad.　→　Díga**mela**.　　No **me la** diga.
　私に本当のことを言ってください.　　私にそれを言って.　　私にそれを言わないで.

　　　　　　　　　　　　Leván**tate**.　　No **te** levantes.
　　　　　　　　　　　　起きて.　　　　起きないで.

　　　　　　　　　　　　Acosta**os**.　　No **os** acostéis.
　　　　　　　　　　　　横になって.　　横にならないで.

　　　　　　　　　　　　Acosté**monos**.　横になりましょう.

Ejercicios 10

1. 動詞を命令形に活用しましょう.

    1) (Tomar, *tú*   ) el vino.
    2) (Leer, *usted*   ) el periódico.
    3) (Decir, *tú*   ) la verdad.
    4) (Abrir, *vosotros*   ) las cajas.
    5) (Bajar, *nosotros*   ) la escalera.
    6) (Cantar, *ustedes*   ) el himno.
    7) (Esperar, *tú*   ).
    8) (Irse, *tú*   ).
    9) (Levantarse, *vosotros*   ).
    10) (Ponerse, *tú*   ) el abrigo.

2. 1. の肯定命令を, 人称と数はそのままで, 否定命令に変えてみましょう.

    1)
    2)
    3)
    4)
    5)
    6)
    7)
    8)
    9)
    10)

Ejercicios 10

3. 1. の 1) 〜 5) の下線部を代名詞に変えて，肯定命令と否定命令を作ってみましょう．

   肯定命令
   1)
   2)
   3)
   4)
   5)

   否定命令
   1)
   2)
   3)
   4)
   5)

4. 日本語をスペイン語に直しましょう．

   1) 私に昨日のことを話して．（tú に対して）

   2) (1) の「昨日のこと」を代名詞に変えて）私にそれを話して．

   3) その写真を彼には見せないでください．（usted に対して）

   4) (3) の「その写真」を代名詞に変えて）それを彼には見せないでください．

   5) 子供たち，車に注意してね．

Lectura 10

Amigos conectados

Si nuestros amigos hispanohablantes o japoneses no están cerca, mantener la amistad es más difícil de lo que parece, sobre todo para aquellas personas a las que les da pereza escribir. Por lo menos, así era antes.

Hoy en día, con los teléfonos móviles e Internet, y sobre todo, con los sistemas de redes sociales, podemos conectarnos cuando queramos. Si uno habla de sus cosas cotidianas en el sistema, estas se difunden automáticamente a los amigos registrados en el mismo sistema. A través de él, se pueden compartir no solo palabras sino también imágenes, sonidos e incluso vídeos.

Gracias a Internet tenemos la sensación de que nuestros amigos viven cerca, pero, al mismo tiempo, podemos sentir que están muy lejos y, sin duda, los datos que recibimos a través de este sistema son restringidos, sobre todo si los comparamos con los que recibimos cuando estamos juntos, como ocurre con los gestos, el tono de voz, los olores, etc.

Cuanto más avanza la tecnología, tanto más dudamos de que venga el día en que podamos decir que el mundo es un pañuelo.

1. ¿Qué diferencia existe entre las cartas y los correos electrónicos?

2. ¿Qué diferencia existe entre el teléfono y los sistema de redes sociales?

3. ¿Les parece que el mundo es un pañuelo? Si es así, ¿cuándo tienen esa sensación?

Lección 11

Gramática 11

1 接続法過去

a) 活用：点過去 3 人称複数形の語尾 -ron → -ra / -se

-ra 形

hablar

hablara	habláramos
hablaras	hablarais
hablara	hablaran

comer

comiera	comiéramos
comieras	comierais
comiera	comieran

vivir

viviera	viviéramos
vivieras	vivierais
viviera	vivieran

-se 形

hablar

hablase	hablásemos
hablases	hablaseis
hablase	hablasen

comer

comiese	comiésemos
comieses	comieseis
comiese	comiesen

vivir

viviese	viviésemos
vivieses	vivieseis
viviese	viviesen

tener (tuvie**ron**) → tuvie**ra**, tuvie**ras**… / tuvie**se**, tuvie**ses**…

decir (dije**ron**) → dije**ra**, dije**ras**… / dije**se**, dije**ses**…

dar (die**ron**) → die**ra**, die**ras**… / die**se**, die**ses**…

ser/ir (fue**ron**) → fue**ra**, fue**ras**… / fue**se**, fue**ses**…

b) 用法

1) 接続法を用いる文で，主節が過去の場合

Quería (Dudaba, Me alegré de) que siempre **pensaras (pensases)** en mí.
君にいつも私のことを思っていて欲しかった（思っているとは思わなかった / 思っていてくれてうれしかった）．

Buscábamos una persona que **hablara (hablase)** español e inglés.
私たちはスペイン語と英語の話せる人を探していました．

2) 現在の事実に反する仮定の条件文で(→ L.12)

Si yo **fuera (fuese)** él, iría a verla ahora mismo.
もし私が彼ならば，いますぐに彼女に会いに行くのに．

3) 婉曲的な丁寧表現で(-ra 形のみ)

Quisiera hablar con el presidente.
社長とお話ししたいのですが．

Ejercicios 11

1. 動詞を接続法過去に活用しましょう．（(1)〜10) → L.8 Ejercicios 8-1.）

   1) Quería que (venir, *tú* _____) pronto.
   2) Deseábamos que nos (contestar, *vosotros* _____) lo antes posible.
   3) El profesor nos pidió que (hablar _____) español en clase.
   4) Esperaba que (conseguir, *usted* _____) la beca.
   5) Negaba que el tren (llegar _____) a tiempo.
   6) No esperaba que el precio del petróleo (subir _____) más.
   7) Era necesario que (leer, *nosotros* _____) bien el texto antes de la clase.
   8) Había una posibilidad de que el jefe nos (pedir _____) hacer más trabajos.
   9) Me alegré mucho de que (poder, *tú* _____) estudiar en Uruguay.
   10) Sentí mucho que no (seguir, *usted* _____) la investigación con nosotros.
   11) Buscábamos una persona que (saber _____) bien el chino.
   12) Terminé el trabajo ese día para que (salir, *nosotros* _____) de viaje al día siguiente.
   13) Salí afuera sin que nadie (darse _____) cuenta.
   14) Si yo (ser _____) tu madre, estaría muy enfadada contigo.
   15) (Querer, *yo* _____) ver al director.

2. 下線部の動詞を過去形にして，文を書き換えましょう．

   1) <u>Deseamos</u> que nuestro hijo entre en la misma universidad que nosotros.

   2) Mi compañero me <u>dice</u> que lleve estos documentos al ayuntamiento lo antes posible.

   3) <u>Tenemos</u> que encontrar una persona que sepa informática.

   4) <u>Tengo</u> que darme prisa en llegar a la estación para que mi amigo no tenga que esperar.

   5) Diga lo que diga Javier, <u>voy</u> a tenerlo en cuenta.

Ejercicios 11

3. 日本語をスペイン語に直しましょう．

   1) 私は君たちに彼の小説を全部読んで欲しかったです．

   2) 私たちは次の日，晴れるとは思いませんでした．

   3) 彼らがこの問題を理解することは不可能でした．

   4) 君の家族がとても元気で嬉しかった．

   5) あのクラスにアラビア語ができる人はいましたか？

   6) 私の友人の中で彼のことを知っていたものはひとりもいませんでした．

   7) 私たちは友人たちに見つからないように教室を出ました．

   8) アクシデントが起こったら，君にすぐ知らせるつもりでした．

   9) どんなことが起ころうとも私はそれをやり遂げるつもりでした．

   10) 先生とお話しをしたいのですが．

Actividades 11

まっすぐ行ってください

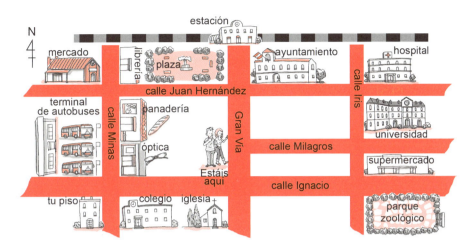

1. ペアになって，道順の案内をしましょう．

   例） ¿Dónde está la estación? — Sigue todo recto por la Gran Vía.
   駅はどこにありますか？ — このグランビアをまっすぐ行ってください．

   ¿Dónde está el parque zoológico? — Sigue recto por la calle Milagros, gira en la primera a la derecha y después en la primera a la izquierda.
   動物園はどこにありますか？ — ミラグロス通りをまっすぐ行って，ひとつ目の通りを右に曲がって，その後，次の交差点を左に曲がったらありますよ．

Lección 12

Gramática 12

1. 接続法現在完了

a) 活用

haya, hayas, haya, hayamos, hayáis, hayan + 過去分詞

b) 用法

Espero que usted ya **haya terminado** el trabajo.
　私はあなたがもう仕事を終えていたらなあと思います．

Busco una persona que **haya estado** en Argentina.
　アルゼンチンに行ったことのある人を探しています．

Cuando usted **haya llegado** a Kioto, tendrá que llamarme.
　京都に着いたら電話してください．

2. 条件文

a) 現実的条件文

Si llueve, mañana no jugaré al golf.　　もし明日雨なら，私はゴルフはしません．

Si no vienes tú, yo no voy.　　もし君が来ないなら，僕は行きません．

b) 現在の事実に反する仮定

> si + 接続法過去，過去未来形

Si **tuviera** (**tuviese**) dinero, **compraría** una casa.
　もしお金があったら，家を買うのに．

Si yo **fuera** (**fuese**) su padre, no se lo **diría** así.
　もし私が彼の父親なら，彼にそのようには言いません．

c) 過去の事実に反する仮定

> si + 接続法過去完了，過去未来完了

1) 接続法過去完了

　-ra 形：hubiera, hubieras, hubiera, hubiéramos, hubierais, hubieran + 過去分詞
　-se 形：hubiese, hubieses, hubiese, hubiésemos, hubieseis, hubiesen + 過去分詞

2) 過去未来完了（→ L.6 ❷ 過去未来形）

habría, habrías, habría, habríamos, habríais, habrían + 過去分詞

Si **hubiera** (**hubiese**) **tenido** dinero entonces, **habría comprado** una casa.
　もしあの時お金があったら，家を買ったのに．

Si yo **hubiera** (**hubiese**) **sido** su padre, no se lo **habría dicho** así.
　もし私が彼の父親だったら，彼にそのようには言いませんでした．

Ejercicios 12

1. 動詞を接続法現在完了に活用しましょう．

    1) Espero que ya (arreglar, *ellos*   ) mi coche.

    2) No creo que (nevar   ) esta mañana.

    3) ¿Hay alguien que (estar   ) alguna vez en Colombia?

    4) Cuando (terminar, *vosotros*   ) los deberes, podréis ir al parque.

    5) Ojalá que me (llegar   ) el paquete de mis padres.

2. 現在の事実に反する仮定の文を作りましょう．

    1) Si yo (ser   ) un pájaro, (volar   ) hasta donde vives.

    2) Si (tener, *nosotros*   ) dinero, (comprar   ) un coche y (viajar   ) por toda España.

    3) Si (poder, *usted*   ) volver a su juventud, ¿qué (hacer   )?

    4) Si yo (saber   ) español, (hablar   ) con él toda la noche.

    5) Si (haber   ) un terremoto, ¿adónde (escapar, *vosotros*   )?

    6) Si Carmen (estar   ) con nosotros, se lo (decir   ).

    7) Yo, en su lugar, no (poder   ) ayudarles.

    8) Yo que tú [Yo de ti], no (hacer   ) tal cosa.

    9) De ser el presidente, (terminar, *yo*   ) la guerra.

    10) Siento calor como si (estar   ) en verano.

3. 2. の文を過去の事実に反する仮定にしましょう．

    1)

    2)

    3)

    4)

    5)

    6)

    7)

    8)

    9)

    10) Sentía

Ejercicios 12

4. 日本語をスペイン語に直しましょう．

1) もし明日君に時間があったら，一緒にテニスをしましょう．

2) 君が来ないなら，私たちは川に釣りに行くのをやめます．

3) もし今お金がたくさんあったら，あなたは何を買いますか？

4) もし今パソコンがフリーズしたら(quedarse congelado)，このレポートは消えちゃうなあ．

5) もし僕が先生だったら，もっと上手に教えるのになあ．

6) もし私が彼だったら，君をひどく叱るでしょうね．

7) もと(あのとき)私が彼の立場だったら，その計画は中止したね．

8) もしあの試験に合格していたら，彼は弁護士になっただろう．

9) もしあの電車に乗り遅れていたら，彼女とは一生会えなかっただろう．

10) もしあの時父が成功していたら，今の幸せはなかったでしょう．

クエンカの宙吊りの家

Lectura 12

Si pudiera usar los idiomas libremente

Cuando pueda usted hablar español sin dificultad, ¿qué hará? ¿Hablará por teléfono con sus amigos hispanohablantes, les escribirá correos electrónicos, chateará con ellos por Internet? Con esfuerzo, algún día podrá utilizar español como un nativo.

Pero también, en el futuro, podremos utilizar un aparato traductor automático que nos traduzca cualquier idioma. Con este sistema, no nos hará falta aprender otros idiomas, porque, cuando digamos algo, el aparato lo traducirá automáticamente al idioma que hable su interlocutor. Entonces, nadie estudiará más de un idioma.

Si pudiéramos manejar todos los idiomas con tales aparatos, ¿ya no nos haría falta estudiarlos o investigarlos? A lo mejor, sí. A nivel de conversación, quizás no necesitaríamos aprenderlos, pero, en cuanto al sentido y a la función de las palabras, los aparatos no los podrían "sentir". Solo las personas saben y sienten — o crean — el sentido de las palabras cuando las usan. Las máquinas solo las copian.

Por lo tanto, en el futuro, seguiremos disfrutando de la aprendizaje de los idiomas extranjeros.

1. ¿Cómo será el aparato traductor automático?

2. ¿Qué no podrán hacer los aparatos traductores automáticos?

3. ¿Qué diferencia hay entre las palabras de las personas y las de los aparatos?

二宮　哲（にのみや　さとし）
獨協大学国際教養学部教授

検印廃止

一歩進んだスペイン語―中級スペイン語―
（テキスト＋CDセット）
UN PASO MÁS
―Para estudiantes de nivel intermedio―

2016年2月1日　初版発行　　定価 本体2,400円（税別）

著　者　二　宮　　　哲
発行者　近　藤　孝　夫
印刷所　研究社印刷株式会社
発行所　株式会社　同 学 社
〒112-0005　東京都文京区水道1-10-7
電話（03）3816-7011（代表）　振替 00150-7-166920

ISBN 978-4-8102-0430-8　　Printed in Japan
（有）井上製本所

許可なく複製・転載すること並びに
部分的にもコピーすることを禁じます．

■ 同学社版・スペイン語文法書・練習帳・ワークブック ■

これが基本！スペイン語

Estos son los fundamentos del idioma español
西川 喬 著
A5判 二色刷 232頁 定価 本体 2,400円（税別）
◆ 入門・初級段階の学習者にも分かりやすい説明
◆ 単語や例文には仮名発音を付す◆ 日常会話にも使える実用的な例文◆ 巻末には文法補足、練習問題解答例、基本動詞の活用表、更に語彙集を充実

わかるスペイン語文法

西川 喬 著
A5判 342頁 定価 本体 3,500円（税別）
◆ 初級段階の学習者にも理解しやすい丁寧な説明
◆ 日本人学習者に理解しにくい「時制」・「叙法」・「冠詞」は、可能な限りの紙幅をとって分かりやすく解説◆ 学習者がぶつかる「素朴な質問」に手早く答えられるよう、目次／索引／品詞に工夫◆ 中級レベルの学習者にも役立つ日西文法用語対照表

本気で学ぶスペイン語
基本問題430

菅原 昭江 著　B5判 二色刷 258頁
定価 本体 3,000円（税別）
■全430問からなる本格的なスペイン語練習帳■それぞれの設問は、レベル1からレベル3までのいずれかのレベルに属し、学習者のレベルに合わせてチャレンジ可能

スペイン語ワークブック

CD付
小川 雅美 著　B5判 二色刷 298頁
定価 本体 2,800円（税別）
■ 文法事項を段階的に導入し、無理なくステップ・アップ■ 学習者の立場に立ち、わかりやすく丁寧な説明■ 別冊語彙集を使用し、辞書なしでも学習に集中■ 大きな本文文字と多くのイラストで、見やすく楽しい紙面構成

〒112-0005 東京都文京区水道1丁目10-7　同学社　TEL03(3816)7011　振替00150-7-166920